A ceux qui veulent laisser une belle trace sur Terre,

Sommaire

Où étiez-vous ?

Je vous attendais au bord de la falaise avec le cœur lourd,
Où étiez-vous depuis tous ces jours ?
J'ai crié vos noms en silence,
Où étiez-vous lorsque je me suis éloignée de cette violence ?

Je méditais non loin de ma maison,
Où étiez-vous lorsque j'avais tort et que vous aviez raison ?
J'ai patienté durant des heures, des journées,
Où étiez-vous lorsque le monde s'est écroulé ?

J'ai peint sur les murs blancs des mots d'amour,
Où étiez-vous quand je pleurais au secours ?
J'ai brisé la glace en laissant chaque morceau,
Où étiez-vous quand je portais ce fardeau ?

J'ai des milliers de fois tenté de vous faire comprendre,
Où étais-tu, cœur qui ne fait que prendre ?
J'ai beau dessiner la vie, vous ne voyez pas ma peine,
Où étiez-vous, esprit hanté qui me freine ?

Vous n'êtes plus là, peut-être était-ce une invention ?
Où étiez-vous lorsque nous vous supplions ?
La vie est juste peu importe ce qu'on dit d'elle,
Sans vous, j'ose croire qu'elle sera plus belle

Crier

J'ai envie de crier, envie de crier,

Jamais rien fait, rien fait de mal,

Et pourtant, je suis restée là,

Je suis restée ferme, je suis restée calme.

Mon envie de tout bouger,

De leur dire, de leur crier,

« Vous n'en n'avez pas marre ? »

Quel droit ont-ils ?

De faire de ma vie, une trahison,

Je n'ai pas décidé d'être différente,

Je suis née dans un monde indifférent.

Il n'y a pas que moi,

Je le sais bien,

Mais parfois je me dis,

Tout ça ne sert à rien.

L'ange

J'ai entendu comme une douce parole angélique,

Tu es ici, je sens ta présence

Comme si la Terre était magique,

Je ne peux jamais plus vivre dans l'impatience.

J'ai senti ta chaleur qui doucement se mélangeait,

Tu es mon amour, je vis dans ta lumière,

Comme si l'espace me changeait,

Je n'ai plus besoin d'espérer voir ce qu'il se cache derrière.

L'ange qui vit en toi est seul sur ma planète,

Je te tiens par la main, tu ne dois plus te soucier,

Comme si tu m'effleurais à m'en faire tourner la tête,

Je ne peux pas me forcer à te lâcher.

L'ange dort dans les profondeurs de la terre,

Je remuerai le ciel pour le réveiller,

Comme si les merveilles m'empêchaient de plonger,

Je ne peux pas vivre sans essayer.

J'ai soudainement entendu une mélodie traverser l'atmosphère,

Tu es mon étoile, tu me guides à travers l'espace sombre,

Comme si tu ne venais pas de cet univers,

Tu te tiens devant moi, jamais plus tu ne vivras dans l'ombre.

Un silence

Je ne sais que dire,

Je ne sais comment réagir,

J'entends une petite de voix,

Qui me dit « que fais-tu là ? »

Je réfléchis, puis je m'assois,

Je me dis, mais « qu'est-ce qu'elle a ? »

Qu'est-ce qui me fait courir ?

À ma perte ou vers la victoire ?

Je me regarde souvent dans le miroir,

J'y vois une femme de 20 ans,

Qui est devant, qui a tout pour elle,

Qui se fait descendre et à qui on ment.

Je n'y peux rien, des fois, je trouve,

Que le silence est pire que tout,

Mais ça me laisse face à moi,

Et je me dis que c'est mieux comme ça.

Convenances

J'ai terminé, terminé là,
Mais rien ne va,
J'ai tout compris, j'ai réussi,
Non rien ne va.

Le monde tourne autour de moi,
Et rien ne va,
Il y a quelque chose, comme une voix,
Non rien ne va.

Un vendredi, une nouvelle loi,
Sur nous ? Sur moi ? Sur toi ?
Je lui ai tout dit, voilà, comme cela,
Non rien ne va.

Il faut être polie, il faut être sympa,
Comme ceci, comme cela,
Je n'ai pas envie de faire semblant,
Plus envie d'être considérée comme une enfant,
Car rien ne va.

Pourquoi vous dire tout ça ?
Le monde est trop dur parfois,
Avec toi, avec moi,
Alors danse, rit et vit, car tout finira.

Printemps

Un matin de printemps,
Je sens la chaleur arriver,
Tels les paysages et les oiseaux chantant,
Tu viens m'apaiser.

Tu es une bouffée d'air frais,
La paix dans ce monde assourdi,
Tu es calme et tu es vraie,
Ô grand jamais je ne m'étais sentie ainsi.

Je me demandais si tout cela était réel,
Est-ce possible d'être aussi doux ?
J'ai ouvert les yeux et posé ma main sur elle,
Tu es la réalité, nous ne sommes pas fous.

Mon amour, je m'endors dans les pétales,
Je t'aime bien plus que tu ne l'imagines,
Les saisons changeront, mais tu seras toujours un carnaval,
Je veux que tu vives, que tu t'illumines.

Par ici

J'entends au loin les voix graves des passants,

Tu attrapes ma main et tu me serres fort dans tes bras,

Par ici, tout est plus puissant,

Tu me donnes des images et tu me parles tout bas.

Je vois ton visage s'éclairer quand tu m'aperçois,

Tu te mets à rire dès que je mets en scène ma folie,

Par ici, tout est plus froid,

Mais tu me réchauffes le cœur et tu t'épanouis.

Non loin d'ici, les monstres se cachent dans la forêt,

Tu m'indiques le bon chemin, avec ton sourire,

Par ici, je sens qu'il est tout près,

Tu m'apaises, je ne vais plus souffrir.

Et quand l'hiver nous dira au revoir,

Je sais que tu seras toujours à mes côtés,

Par ici, la nuit est un espoir,

Il suffit d'un acte pour que tu me fasses avancer.

Je danse avec les étoiles et je respire des bulles de joie,

Tu me regardes alors que nous chantons,

Par ici, je sais qu'il n'y a que toi,

Peut-être qu'un jour nous nous en irons,

Pour le moment, c'est bien comme cela.

Un bus de nuit

Les lumières commencent à peine à se montrer,

Les gens autour de moi n'admirent que leur image,

Un bus de nuit plein à craquer,

Je saurai capter cet instant et je te rendrai hommage.

Il y a comme une mélodie affolante qui vient de loin,

Mon esprit est ailleurs, je ne peux m'empêcher de penser,

Serions-nous là en vain ?

L'espace entre ces deux âmes sera un jour effacé.

Mon cœur bat vite, je sais qu'il ne comprend pas le sens,

Est-il nécessaire que vous soyez présents pendant la louange ?

Ce bus de nuit m'emmènera vers l'immense,

J'espère que cette route me mènera au pays des anges.

Cet homme-là n'admire pas le changement,

Les enfants se mettent à rire aux éclats,

Pourquoi ne suis-je pas là au bon moment ?

Cette scène est importante, car tu es là.

Les feux d'artifices seront bientôt lancés,

Ce sentiment amer finira par se taire,

Un bus de nuit viendra me récupérer,

Il n'est jamais évident de s'y faire.

La fin du monde

J'imaginais la vie comme j'observais un paysage,

J'y voyais une prairie verte,

Des amis, des familles, un beau présage.

Au-dessus des collines, par-dessus les nuages,

J'étais éblouie par le soleil brûlant,

Ma peau était différente, elle avait pris de l'âge.

J'imaginais un monde rempli de lumière,

Ils donnaient de leur temps et de leur énergie,

Tout ça me rendait très fière.

Il y avait tant de choses à dire, tant de choses à faire,

Mais l'égoïsme pris place,

Elle ne voulait plus attendre, elle prit un somnifère.

Du luxe, des voyages et des histoires,

J'en avais marre d'entendre leurs voix,

C'est pathétique, ce n'est que farce, c'est dérisoire.

J'imaginais la fin du monde comme j'observais leurs visages,

J'y voyais la honte rouge,

Des enfants, des grands-parents, sur le rivage.

Le soleil se leva

Toi soleil si haut, toi petite lueur que j'attendais tant,
Pardonne-moi, je ne voulais plus croire en toi,
Toi petite douceur que je sens de nouveau,
Tu es là et je sens un frisson en moi.

Alors que l'orage gronde,
Que la nuit m'inonde,
Je sens comme une chaleur traverser mon cœur,
Et le soleil se leva.

Les feuilles se mirent à voler,
Je sens mon cœur lâcher,
Mais toi petit rayon de soleil tu es là,
Et le vent cessa.

Majestueux et glorieux,
Tu illumines mon être et tous les cieux,
Toi soleil, tu fais disparaître mon air tragique,
La pluie reviendra je le sais, mais après tout, la nature est magique.

Comme les océans et les mers,
Toi bel univers,
Ta profondeur affronte toute loi,
Installe-toi donc tout près de mon toit.

Rêver

On se moque des gens qui rêvent,

Ils leur mettent le nez dans la réalité,

Ils disent que la vie est brève,

Mes rêves à moi apportent de la beauté,

Un homme qui n'a que le quotidien,

C'est plutôt la grandeur qui le fait vibrer,

Sans quelques rêves nous ne sommes rien,

Cela permet de s'échapper,

À quoi bon les tenir prisonniers ?

Faut-il que vous leur tapiez sur la tête ?

Un rêve peut devenir réalité,

Cela ne rendra personne plus bête.

Une bonne minute

Ça a duré une bonne minute,
C'était d'une telle beauté,
Une seule minute,
Une infinie liberté.

Il était assis devant moi,
Il ne me voyait pas le fixer,
Pas un regard discret,
Seulement pour les fleurs gelées.

Les arbres étaient recouverts d'un nuage blanc,
Je sentais mon cœur qui battait,
Des millions de lumières allant et venant,
Comme s'il en pleuvait.

Dans ma tête, au cœur de mes veines,
Sur ma peau, j'ai senti les constellations,
Je m'accrocherai, je serai reine,
De mes émotions, plus que de ma raison.

Une goutte

Au milieu de tous ces gens,

Il y a parfois des moments,

Où les questions défilent dans ma tête.

Comme si un mur s'était construit entre nous,

Nous verrons qui tiendra debout,

Car ils parlent encore d'instant présent.

La lumière finira peut-être par venir,

Pour ne pas avoir peur et pour dormir,

Tu me raconteras des histoires fantastiques.

Il sait que ça n'a pas toujours été facile,

De ne les voir s'occuper que de leur nombril,

Mais tu me diras « ne t'énerve pas » .

Tu me pousses à oser,

Tu me fais rire, tu me fais vibrer,

On dirait qu'il n'y a que toi qui peut comprendre.

J'irai marcher sous la pluie sans protection,

Je prendrai des risques, qui nous unirons,

Et on se regarderait tous, les poings serrés.

Parfois il suffit d'une bonne parole.

Retrouvailles

Tu es la petite, je suis la plus grande,

Pourtant c'est toi qui m'a fait comprendre,

Si on n'agit pas, si on ne bouge pas,

On sera foutus et puis voilà.

Tu attends beaucoup des gens,

Parfois tu es trop impatiente,

Tu iras loin c'est évident,

Je ne suis pas la seule consciente.

Tu es ma moitié, mon binôme,

Pour la vie, et depuis longtemps,

Nous sommes adultes mais nous serons toujours des mômes,

Il y a quelque chose de rassurant.

Nous ne serons jamais bien loin,

Je serai là pour t'accompagner,

Tu traceras juste ton propre chemin,

Il sera plein de belles idées.

On s'attendra au coin de la rue,

J'aurais contesté et tu aurais manifesté,

On partagerait nos points de vue,

Je t'aurais pris dans mes bras, je t'aurais serré

C'est sûrement ça, la fraternité.

Une danse

Je ne sais où regarder, je ne sais qui guetter,
Faut-il murmurer ? Faut-il hurler ?

Une forme apparaît au loin,
C'est peut-être un soupir, un souvenir,
Elle me dessine de très grands mots,
Je m'approche, je fais un saut.

Une douce lumière naît au fond de la forêt,
Elle pénètre ma peau, me fait voler,
Au fond, elle-même le sait,
Elle fera de moi, ce qui lui plaît.

Une valse, un tango,
Une douceur, un dur labeur,
Une agression, quelques tentations,
Elle joue avec moi, avec cette lenteur.

Nous dansons autour du feu,
Il m'en faut toujours aussi peu.

Ce mouvement est si beau,
Cette chanson, mélancolique,
Je ne sais plus comment placer mes pieds,
Je sens un champ magnétique.

Un souhait

Avant de fermer les yeux pour toujours,
Assurez-vous de m'offrir quelques fleurs,
Tout le monde finira par connaître la paix un jour,
Un seul souhait, le grand bonheur.

Je vais être une âme légèrement différente,
Jetez les lettres au feu,
Peu importe finalement si l'homme se vante,
Un seul souhait, être deux.

Il n'y a rien de mal dans les pleurs,
Croyez-moi toutes les routent mènent quelque part,
Se prendre pour une autre personne est un leurre,
Un seul souhait, jamais tu ne pars.

Jeune et naïve, m'ont-ils dit,
Est-ce ma faute si je crois que la vie est un poème ?
Personne ne veut qu'on l'oublie,
Un seul souhait, que tu m'aimes.

Parfois je sens la tristesse m'envahir,
Mais tu arrives, tu ouvres la porte,
Aucune superficialité, simplement un fou rire,
Un seul souhait, que tu me réconfortes.

En avant

Prenez vos crayons, prenez vos pinceaux,
Nous allons nous battre pour notre avenir,
Oubliez les paroles, oubliez les drapeaux,
Ce ne sera bientôt qu'un mauvais souvenir.

Choisissez vos lieux, choisissez vos villes,
N'oubliez pas de sourire et de chanter,
Nous serons un jour bien plus que mille,
Ce sera bien plus beau que vous ne l'imaginez.

Éloignez la méprise, éloignez les insultes,
C'est un tout petit bout de papier,
Un jour, nous serons cultes
Ce n'est pas nous qui serons cachottiers.

Amener les reines, amener les inconscients,
C'est l'heure du changement,
À tous les jeunes, les militants,
Ce n'est pas pour demain, c'est pour maintenant !

Rythme

La vie est une note de musique,
Elle nous touche un instant.

Ma vie se construit en chanson,
Il y aura toujours des émotions.

N'arrêtez jamais de marcher,
Un jour la destination se présentera.

La vie sera toujours éclairée,
Ne perdez plus espoir.

Écoutez bien votre cœur,
Il vous chuchote des jolis mots.

La vie est remplie de surprises,
Rien ne sert de tout planifier.

Aimez à en pleurer,
Priez pour vous soulager.

Quoi que vous fassiez,
Vous devez tout donner.

Voyage

Laisse-toi envahir par la fraîcheur,

Les feuilles se poseront délicatement sur la terre,

Respire lentement et montre-moi ton cœur,

Ferme les yeux tu y verras plus clair.

Le voyage ne fait que commencer,

Tu observeras la vraie vie à travers les paysages,

Ne marche pas trop vite, tu ne dois rien rater,

Tu peux tomber de haut alors reste sage.

Personne ne sera là pour t'attendre,

Mais les flocons de neige te rendront fou de joie,

Approche-toi du ciel, il vient se rendre,

Tu dois choisir ta destination, cela n'appartient qu'à toi.

Le voyage sera bel et bien long,

Tu devras faire preuve de patience,

Le soleil finira par se lever sur les monts,

N'aie pas peur de cette douce clémence.

Le flash

J'ai toujours une pensée pour mes amis,

À qui je dois tant d'années, tant de rires,

Eux seuls savent à quel point j'aime la vie,

Malgré tout, ils m'ont vu pleurer, ils m'ont vu souffrir.

J'ai toujours cette image de nous cinq autour d'une table,

Le plafonnier me couvre la vue,

La bière et les cigarettes nous montrent de quoi ils sont capables,

À chaque fois, je sais que je les aurais crus.

Ils ont refait un monde idéal,

Les pétales et les feuilles tomberont,

Mais je ne crains pas de perdre les pédales,

Leurs regards, je le sais, me le diront.

Des paillettes sur le sol, leurs folles chansons,

Les artistes, les idoles, on chantera à l'unisson.

J'ai toujours ce sentiment de voler,

Leurs idées et leurs débats me sont bien suffisants,

J'irai voir Dieu, je lui supplierai de les épargner,

Ils sont peut-être adultes, mais ils pensent innocemment.

J'ai comme trois goûts différents dans la bouche,

Pas d'amertume, que des sensations délirantes,

Je leur demanderai comment ne pas être trop farouche,

Après chacun de mes mots, ils trouveront la vie plus passionnante.

Édition : BoD · Books on Demand, 31 avenue Saint-Rémy,
57600 Forbach, bod@bod.fr
Impression : Libri Plureos GmbH, Friedensallee 273,
22763 Hamburg (Allemagne)
ISBN : 978-2-3224-7741-8
Dépôt légal : Décembre 2024

FSC
www.fsc.org
MIXTE
Papier issu
de sources
responsables
Paper from
responsible sources
FSC® C105338